MANUAL DE EPICTETO

Título original: *The Encheiridion, or Manual*

2ª edição: Julho 2025

Autor:
Epicteto

Tradução:
Jorge Henrique Bastos

Preparação de texto:
Elisabete Franczak Branco

Revisão:
Patrícia Alves Santana
Iracy Borges

Diagramação:
Jéssica Wendy

Capa:
Dimitry Uziel

DADOS INTERNACIONAIS DE CATALOGAÇÃO NA PUBLICAÇÃO (CIP)

Epicteto
Manual de Epicteto / Epicteto ; tradução de Jorge Henrique Bastos. — Porto Alegre : Citadel, 2023.
128 p.

ISBN 978-65-5047-223-8
Título original: The Enchiridion: The Manual of Epictetus

1. Filosofia antiga 2. Estoicos I. Título II. Bastos, Jorge Henrique

23-6149 CDD 188

Angélica Ilacqua - Bibliotecária - CRB-8/7057

Produção editorial e distribuição:

CITADEL
Grupo Editorial
contato@citadel.com.br
www.citadeleditora.com.br

EPICTETO

MANUAL DE EPICTETO

Tradução:
Jorge Henrique Bastos

TEMPORALIS
2023

PREFÁCIO

O chefe o tinha chamado em conversa cochichada. Era coisa ainda confidencial. A vaga de superintendente seria mesmo dele. “Líquido e certo”, garantiu o superior, usuário frequente das expressões mais previsíveis. É pouco, ou quer mais? O posto estava desocupado desde o passamento do Ambrosinho, em novembro do ano anterior.

Genival não cabia em si. Quem diria? Justo ele, que sempre teve a impressão de não contar com a simpatia de ninguém ali dentro. Queria ver a cara do Torres, seu desafeto mais manifesto. Babaria de inveja, o pulha.

A promoção seria anunciada na reunião de sexta, aproveitando a visita da Vera Lúcia, poderosa VP de pessoas que chegara da nave-mãe para pôr ordem naquela periférica filial.

Genival, desde que soube, desfilou promessas à Terezinha, esposa de mais de década, que já não contava mais com reboliços naquela vidinha acanhada em conforto e excitação. O novo salário traria casa própria, um quarto para cada filho, escola particular, sem falar de férias viajadas. Pela Europa, por que não?

Os miúdos antegozaram celulares e tablets de gerações proibidas que, até então, pareciam exclusividade de outros.

A imaginação foi tão longe que acabou retardando o passar dos dias. A tal da sexta-feira não chegava. Até mesmo o fim de semana subsequente chegou antes.

Mas, de angústia em angústia, os ponteiros subiram a serra e o terno mais novo, passado com esmero de boda, acabou por acolher o corpo feliz. Depois da noite em claro, o dia do júbilo chegara devagar em meio a raios bocejantes e névoas de indecisão.

Genival convidou Terezinha para figurar ao seu lado. Um gesto de reconhecimento no grande instante de consagração. Quanto à firma, não viu mal algum. Isso de ser família sempre pega bem, ponderou, no meio de gente que não gosta de muita surpresa.

Eram oito degraus a separar a calçada do saguão da recepção. Toninha e Durvalina, semiescondidas pelo balcão, comentaram entre elas a estética do contínuo.

Quem seria aquela, curvilínea e roliça, de mãos dadas? Era a mulher, com certeza. Ele não ousaria, se não fosse. Merecia coisa melhor, arriscaram com pouca convicção. Genival era de rosto desagradável. Mas não tinha muita barriga e contava com cabelos para todo o crânio. Já bastava para pleitear um furo acima pelo menos. Cinira, a ruiva do almoxarifado, mais teúda que manteúda, arrastava asa e meia em dengos e favorzinhos.

Essas ocasiões menos banais requeriam à sala Custódio Veloso, que ninguém ali tinha ideia de quem tenha sido. Dias solenes em que todos se dirigiam circunspectos para o oitavo andar.

Na hora pontuda, Vera Helena abriu a seção. Cantaram o hino nacional e o da empresa. Ela não abria mão. Passou a palavra para o subalterno, o chefe do Genival. Esse apresentou a pauta com orgulho no PowerPoint. O ponto quatro era dedicado ao superintendente.

Genival e Terezinha, embargados pela ansiedade, não ouviram o que veio antes. Até que o nome do Ambrosinho foi lembrado com fingido pesar. E então o chefe anunciou que o cargo seria preenchido com competência e presteza pelo Torres, da 703.

Genival apostou na audição. Não tinha ouvido bem. Não poderia ser. Confirmou o nome do indicado com quem estava ao lado. Apostou, então, em algum engano. Mas o Torres, ele mesmo, foi chamado ao palco, em aplausos, para saudar o chefe e a Vera Helena.

Não era, portanto, Genival o novo superintendente.

A presença da esposa, triste e consoladora, deu cores de ataúde à humilhação que sentia. Fora traído. Sentia-se devastado.

Caro leitor, desfaça essa fisionomia de estranhamento.

Este texto é mesmo um prefácio. Na ausência de protocolos imperativos, resolvi arriscar. Esse pequeno relato denuncia a grande proximidade da filosofia de Epicteto dos problemas mais comezinhos do nosso cotidiano.

Convidamos, então, o sábio estoico para tirar Genival da sarjeta. Afinal, como ele não se cansa de ensinar, não é o mundo que entristece. Por isso mesmo, não fora propriamente o chefe – e sua deslealdade – a causa da sua desolação.

Segundo Epicteto, nossas dores de alma não são causadas pelas ocorrências percebidas na realidade. Mas pelo que pensamos delas. Pelos nossos julgamentos. Pelas nossas expectativas. Não é, portanto, a realidade o grande algoz. E sim o que dela se espera. E que não se deveria esperar.

O chefe mentiu. É fato. Enganou. Também é fato. Foi desleal. Não há dúvida. Vil. Com toda a certeza. Mas Genival deveria ter considerado essa possibilidade. Fosse um vivente preparado, saberia que humanos mentem, enganam, são desleais e vis, quando lhes convém. A começar por ele próprio. Genival era, portanto, responsável pelo seu sofrimento.

★★★

É com alegria que vos apresento o *Manual de Epicteto*[1].

Uma coleção de ensinamentos preciosos transmitidos por um dos mais notáveis filósofos estoicos da história. Neste livro, somos convidados a explorar a filosofia da serenidade e a buscar a sabedoria prática que nos auxiliará a entender nossas maiores dores.

Nascido na antiga Hierápolis, Epicteto foi um homem de grande coragem e resiliência, que enfrentou inúmeras adversidades ao longo de sua vida, incluindo a condição de escravo e analfabeto. No entanto, sua filosofia estoica foi seu refúgio e sua bússola moral, guiando-o em direção à liberdade interior, independentemente das circunstâncias externas.

Neste manual, Epicteto nos presenteia com seus ensinamentos profundos e relevantes até os dias de hoje. Oferece-nos um guia para viver uma vida serena e plena, mesmo em meio às dificuldades. Ele nos lembra de que, embora não tenhamos controle sobre muitos eventos externos, temos o poder de controlar nossa atitude e nossa resposta a esses eventos.

Essa é a chave para alcançar a verdadeira liberdade interior, uma liberdade que não depende das circunstâncias externas, mas que é forjada por meio da nossa razão e da nossa vontade.

Sua sabedoria prática nos convida a refletir sobre nossas próprias reações diante das adversidades e dos desafios do cotidiano. Oferece-nos um verdadeiro manual para a vida, com conselhos valiosos que nos auxiliam a desenvolver a virtude e a encontrar a paz interior.

Ao longo das páginas que seguem, Epicteto nos encoraja a cultivar a virtude em todas as áreas de nossa existência, a abraçar o presente com gratidão e a não nos deixarmos perturbar por aquilo que está além do nosso poder. Ele nos mostra como encontrar alegria e propósito mesmo em meio às maiores adversidades, e como construir relacionamentos saudáveis e significativos com os outros.

Um livro marcado por sua simplicidade e clareza, características que facilitam a compreensão e nos envolvem de maneira profunda. Seus ensinamentos são repletos de metáforas e exemplos práticos, o que torna sua filosofia acessível e aplicável em nossos cotidianos.

Em sua leitura, o filósofo nos desafia a repensar padrões de pensamento e a refletir sobre a forma como temos vivido até agora. Encoraja-nos também a assumir a responsabilidade por nossa própria felicidade e a desenvolver a capacidade de transformar obstáculos em oportunidades de crescimento e aprendizado.

Falando em oportunidades, aproveitemos esta. A de nos aprofundar na filosofia estoica por meio de palavras sábias e atemporais. Que a leitura do *Manual de Epicteto* nos conduza por uma jornada filosófica rumo à serenidade interior e à virtude. Que seus ensinamentos nos inspirem a viver uma vida plena, autêntica e em sintonia com o melhor que podemos ser.

Boa leitura!

– Clóvis de Barros Filho

1

Em relação às coisas que existem, umas procedem de nós, outras não. Resultam de nós, a opinião (ὑπόληψις), o movimento rumo à coisa (ὁρμή), o desejo, as inclinações e a aversão (ἔκκλισις, a mudança de uma coisa). Em resumo, todas as nossas ações. As coisas que não dependem de nós são: o corpo, o bem, a reputação, a honra, o ofício. Numa palavra, tudo o que não é nossa própria ação.

As coisas que redundam de nós são por natureza livres, nada pode detê-las ou impedi-las; aquelas que não dependem de nós são frágeis, submissas, sujeitas a muitos obstáculos e inconvenientes e totalmente alheias.

Recorde que, se acredita que são livres as coisas que por natureza são subalternas e próprias, que dependem de alguém, há de encontrar obstáculos a cada passo, ficará aflito, alterado e poderá repreender os deuses e os homens. Ao contrário, se aquilo que pertence a você é mesmo seu, e o que é estranho pertence a outrem, nunca ninguém há de obrigá-lo a fazer o que não quer nem o impedirá de realizar o que deseja. Não admoestará ninguém nem acusará qualquer pessoa, não há de fazer a mínima coisa que não queira cumprir. Ninguém o prejudicará, não terá inimigos, pois não aceitará nada que cause prejuízo a você mesmo.

Se deseja coisas superiores, lembre que não deve trabalhar de forma anódina para conquistá-las e, no que se refere às coisas exteriores, deve renunciar algumas por completo e postergar outras. Mas, se deseja coisas (superiores) como poder e riqueza, talvez não consiga nem mesmo isso, porque visa também às coisas precedentes (coisas grandes)[2]. Certamente, há de falhar com as coisas em relação às quais só a felicidade e a liberdade estão garantidas.

Assim, explicitando de forma direta, você apresenta uma aparência severa[3], não a que aparenta ter.

Convém examinar segundo as regras, e logo a partir da primeira, sobretudo aquilo que faz parte do nosso poder ou que não está ao nosso alcance; se for algo alheio ao nosso poder, deve-se estar apto a dizer que isso não lhe diz respeito.

2

Recorde que o desejo contém em si o trabalho (esperança) de obter o que almeja; e o trabalho (esperança) inclui a aversão (desvio de uma coisa), a pessoa não titubeará sobre o que tenta desviar-se: aquele que fracassa sobre seu desejo é desafortunado; o que se deixa abater pelo que deseja evitar é infeliz. Caso procure eludir as coisas adversas à natureza e ao seu alcance, não se envolverá com aquilo do qual tenta escapar. Se quiser esquivar-se da doença, da morte ou da pobreza, será lamentável. É necessário afastar as coisas fora do nosso limite, transferindo-as às coisas contrárias à nossa natureza. Anule agora por completo o desejo, pois, se deseja algo que não admite consecução, deve ser infeliz: as coisas próximas e que seria bom desejar na verdade não estão diante de você. Utilize o poder de se mover na direção de um objeto ou de se afastar dele; tais poderes devem ser usados excepcionalmente e com remissão[4].

3

Em tudo o que deleita a alma, preenche uma necessidade ou se ama, lembre-se de acrescentar isso (descrição, noção): qual a natureza de cada coisa, começando pela mais ínfima? Se amar um cântaro, diz que ama esse cântaro; se porventura se quebrar, não há de se incomodar. Se ama seu filho ou sua mulher, afirme a você mesmo que ama um ser mortal, e, se algum deles morrer, isso não o perturbará.

4

Quando cumprir um ato, recorde que tipo de ato é. Se for banhar-se, pense no que ocorre no banho: uns caem na água, outros se empurram e brincam entre si ou roubam. Dessa maneira, terá consciência do assunto, dizendo a si mesmo: agora, quero tomar banho e manter minha vontade de forma conciliável com a natureza. Procederá assim em cada ato, se algum entrave ao banho ocorrer, seu pensamento estará pronto; não era apenas o que queria, a pretensão era manter a vontade segundo a natureza. Mas, se estiver agastado com as coisas, desse modo não conseguirá conservá-las.

5

Os homens não se preocupam com as coisas que acontecem, mas com as opiniões sobre elas. Por exemplo, a morte não é algo terrível, se fosse, Sócrates teria percebido dessa forma; terrível é a opinião sobre a morte. Quando estivermos contrariados, aborrecidos ou tristes, não culpemos os outros, mas nós mesmos, ou seja, nossas opiniões. Culpar os outros por sua má índole é o ato de um homem não instruído; acusar a si mesmo é o de homens que começaram a se instruir; não imputar nem a si mesmo ou aos outros é de um homem já educado.

6

Não se deve vangloriar-se com o mérito (excelência) alheio. Se um cavalo exaltado dissesse "sou belo", suportar-se-ia tal coisa. Mas quando alguém entusiasmado diz: "tenho um lindo cavalo", deveria saber que está exultante por possuir um cavalo bonito[5]. O que há aí que pertença a você? O uso das aparências. Em consequência, quando estiver em conformidade com a natureza, poderá orgulhar-se de um bem seu.

7

Tal como numa viagem marítima, quando o barco atraca num porto, armazena-se água, apanham-se mariscos, mas o pensamento não se alheia do barco, é preciso estar atento ao chamado do capitão e, se ele chamar, joga-se tudo fora para correr e não ser lançado no barco como um animal amarrado: é assim na vida, se tiver, em vez de mariscos, uma mulher e um filho, nada o impedirá. Mas, se o capitão conclamar, será necessário correr para o barco e deixar tudo sem olhar para trás. Se for um ancião, não se afaste muito, caso o capitão o chame para o barco e não esteja pronto para segui-lo.

8

Não queira que as coisas aconteçam[6] como você deseja; mas anseie para que as coisas que acontecem sejam como são, e há de prosperar sempre.

9

A enfermidade é um obstáculo para o corpo, mas não para a vontade, caso recuse essa condição. Claudicar pode ser um obstáculo para a perna, mas não é para a vontade. Incorpore essa reflexão a tudo o que acontece, e há de descobrir que será um obstáculo para qualquer coisa, menos para você.

10

Em cada acidente (evento) que ocorrer com você, lembre-se de perguntar a si mesmo sobre qual poder detém para utilizar. Se vislumbrar um homem ou mulher benevolentes, há de descobrir que o poder de resistir é a temperança (continência). Se lhe for apresentado um trabalho (dor), há de descobrir que é a resistência. Se forem palavras abusivas, descobrirá que é a paciência. Se tiver sido formado nesse aprendizado (apropriado), as aparências não continuarão com você.

11

Jamais afirme a si mesmo: "eu perdi". Repita sempre: "restituí". Seu filho faleceu? Ele foi restituído. Sua mulher morreu? Está restituída. Roubaram-lhe a terra? Isso também foi restituído? Aquele que roubou de você é um mau-caráter. Não importa a mão pela qual restituíram o que era seu. Enquanto for possível, cuide como se fosse de outrem, tal como os viajantes tratam uma pousada.

12

Se quer se aprimorar, exclua ideias como estas: se me descuidar dos negócios, logo estarei arruinado; se não chamar a atenção do meu escravo, tornar-se-á perigoso. Será melhor morrer faminto, libertando-se das preocupações e dos temores, do que viver em abundância, mas pleno de inquietude. Mais vale que seu escravo seja perigoso, do que você ser infeliz[7]. Comece pelas coisas mínimas. O azeite derramou? Roubaram o vinho? Por tal preço se adquire a liberdade, por esse valor se compra a tranquilidade, nada é de graça. Pense que, se invocar seu escravo, ele pode não entender ou, mesmo entendendo, recusar-se-á a fazer o que lhe pediu. As coisas podem não estar tão bem com ele, mas você estará ótimo. Você possui o poder de não ser perturbado[8].

13

Se quer se aperfeiçoar, submeter-se-á à consideração de que é insensato e estulto a respeito das coisas exteriores. Seu desejo é que o respeitem como alguém com pouco conhecimento. Não tente passar por sábio, se o considerarem assim, desconfie de si mesmo. Porventura saberá que não é fácil manter as coisas em simultâneo, a vontade conforme a natureza. O homem pode cuidar de um, enquanto tem absoluta necessidade de negligenciar outro.

14

Se cogita que seus filhos, sua mulher e seus amigos vivam para sempre, é um louco, pois anseia coisas que não dependem de você; assim como aquilo que pertence a outros, quer que seja seu. Tal como aspira que seu escravo não cometa erros, isso é loucura; você não é mau nem tem maldade, é outra coisa[9]. Se quer que o seu desejo não se confunda, será capaz de realizar algo nesses termos. Torna-se necessário praticar isso. Apenas ele é o senhor que detém o poder sobre as coisas, sobre o que uma pessoa deseja ou não, o poder de conceder e tirar. Todo homem que ambiciona ser livre não deseja nem rechaça nada que dependa de alguém: se não atentar para essa regra, será um escravo.

15

Considere comportar-se na vida como num banquete. Suponha que há algo à sua frente; estenderá a mão e educadamente pegará uma porção; podemos presumir que passe ao seu lado, não irá detê-lo. Considere que ainda não chegou ao seu lado. Não projete seu desejo em sua direção, aguarde até que esteja próximo a você. Proceda dessa maneira com os filhos, a mulher, os cargos, tal como em relação à riqueza, e será digno dos banquetes dos deuses. Se aceitar apenas aquilo que oferecem a você, chegando mesmo a desprezar muita coisa, não será só alguém a se banquetear, mas um parceiro dos deuses. Agindo de tal maneira, Diógenes, Heráclito e alguns mais mereceram ser chamados de homens divinos, como de fato foram.

16

Se por acaso vir alguém entristecido, chorando por uma criança que está longe ou por alguém que faleceu ou que perdeu sua propriedade, convém ter precaução, não se apressar, como se aparentemente sofresse por causas externas[10]. Estabeleça em si mesmo a distinção, prepare-se para afirmar que não foram os acontecimentos que afligiram esse homem, mas a opinião sobre eles. Portanto, não se furte de lhe demonstrar simpatia[11] e, ainda que isso ocorra, mesmo que seja necessário chorar com ele, tenha cuidado para não se lamentar no seu interior.

17

Pense que é o ator de uma peça teatral[12], curta ou longa, segundo o gênero escolhido pelo mestre (autor)[13]. Se ele quiser que faça o papel de miserável, você encarnará esse papel da maneira mais natural; se planeja que interprete um estropiado, um magistrado, um homem do povo (há de fazer o mesmo). A sua função é exercer bem aquilo que lhe foi designado, mas a escolha da peça cabe a outra pessoa.

18

Quando o corvo grasnar de forma adversa, não permita que a sua aparência o afaste dele; de imediato, estabeleça a distinção em sua mente e repita: “Tais coisas não significam nada para mim, para o meu pobre corpo, para minha pequena propriedade, minha reputação, ou para meus filhos e minha companheira”. Para mim, os significados são todos auspiciosos, se assim eu determinar. Seja qual for o resultado, está em meu poder beneficiar-me com isso.

19

Você pode ser invencível, caso não entre numa disputa que não seja possível vencer. Previna-se, se estiver diante de alguém, de um homem digno ou detentor de grande poder e muito admirado por alguma razão, não se deixe levar pela aparência nem pense que é feliz. Se a natureza do bem está em nosso ser, tampouco a inveja ou o ciúme farão parte de nós. Não aspire ser general, senador (πρύτανις) ou um cônsul, apenas um homem livre. Uma só via conduz a isso: desprezar (não se importar) tudo o que não descenda de nós.

20

Recorde-se que não é quem machuca ou ultraja, mas a opinião sobre tais coisas que se torna um insulto. Quando alguém ofender você, deve ter consciência de que fora a sua opinião que o aborrecera. Dessa maneira, procure não se influenciar pela aparência. Cada vez que conquistar mais tempo, terá maior domínio sobre si.

21

Tenha consciência sobre a morte, o exílio e as outras coisas que parecem terríveis, sobretudo a morte, e seus pensamentos não serão mesquinhos nem desejará algo extravagante.

22

Se optar pela filosofia, prepare-se logo para ser escarnecido, aguarde pelo escárnio de muitos dizendo: tornou-se filósofo de um dia para o outro; de onde vem este olhar arrogante? Mas seu olhar não revela arrogância. Preze as coisas que se mostram superiores, tal como alguém designado por Deus. Recorde que, se perseverar nesses propósitos, aqueles que o ridicularizaram primeiro depois hão de o admirar. Mas, se deixar dominar-se por eles, terá sobre si mesmo o ridículo em dobro.

23

Se porventura dirigir-se às coisas exteriores para agradar alguém, saiba que perdeu o propósito da vida[14]. Contente-se em ser um filósofo; se quiser parecer, então pareça com você mesmo, e isso será o suficiente.

24

Não permita que raciocínios como estes o atormentem: "Não tenho nenhum renome"; "Jamais serei alguém em lugar algum". Se a honra é um mal, não pode estar entre o mal por via (culpa) de outrem, tal como estaria envolvida em algo indigno. Depende de você ser nomeado a um posto de magistrado? Ou ser convidado para um banquete? De modo algum. Então, como isso seria falta de honra (desonra)? Como não será alguém no mundo, você que não pode ser mais senão aquilo que depende de si mesmo, o que é possível a um homem de valor. Não terei recursos para ajudar os amigos, o que quer dizer "ter recursos"? Eles não receberão dinheiro de você, nem se tornarão cidadãos romanos. Quem falou a você que as coisas que estão em nosso poder não nos pertencem mais? Quem pode oferecer a outro aquilo que não possui? Arranje dinheiro então, seus amigos dizem, para que assim possua algo. Se posso adquirir dinheiro e manter-me modesto, leal e compassivo, revele-me o caminho e assim o farei. Mas, se quiser que eu perca meus verdadeiros bens a fim de adquirir outros falsos, veja como isso é injusto e inepto. Além do mais, prefere ter um amigo fiel e modesto ou dinheiro? Então, ajude-me a ser um homem, não me exija fazer algo que diminua meu caráter. Afirme que, se depender de você, "não ajudarei o país". Insto-o mais uma vez: de que tipo de ajuda está falando? Não passará por pórticos ou banhos[15]. O que quer dizer com isso? Ferreiros não costuram sapatos, nem sapateiros forjam armas. É razoável que cada homem realize plenamente o trabalho que lhe cabe: não seria útil um cidadão fiel e simples? Sim. Então, não será inábil para tal função. Mas qual será o cargo a ocupar na cidade? Aquele que o mantenha fiel e modesto. Mas, ao ser útil ao Estado, perde as virtudes, e que proveito teria para ele caso não tivesse fé nem vergonha?

25

Preferiram alguém a você num banquete, para ser saudado, ou num conselho. Se isso é bom, alegrar-se-á por ele ter conseguido isso; mas, se for ruim, não se aflija porque não conseguiu. Lembre-se de que, se não fizer o mesmo para conseguir o que não está ao seu alcance, não será considerado digno dessas coisas (iguais). Pois, como um homem não toca nunca na porta de outro, ele não será tratado de forma igual como aquele que assim o faz comumente, ou seja, enaltece (bajula) sempre, enquanto o outro não se presta a isso? Então, será injusto e ávido se não compartilhar o valor pelo qual tais coisas são negociadas, como se quisesse isso de graça. Bom, qual o preço da alface? Um óbolo[16] talvez. Se o homem pagar o óbolo e receber a alface, se você não desistir do óbolo e não conseguir a alface, não pense que recebeu menos do que aquele que adquiriu a alface. Assim como possui a alface, você tem o óbolo que não usou. Da mesma maneira, você não foi convidado para uma festa porque não pagou ao anfitrião o preço da ceia; ele a negocia por elogio (bajulação) e servilismo. Faça, então, o seu preço[17], caso tenha interesse. Mas, se deseja não pagar e conseguir as coisas, é avaro e tolo. Não tem algo para substituir a ceia? De fato, mais vale não bajular quem você escolhera para bajular. Você não tem a resistência[18] do homem que custodia a sala.

26

Pode-se conhecer o desejo (vontade) da natureza das coisas tomando-se por base aquilo que não diferimos muito. Por exemplo, quando o escravo de um senhor quebra um utensílio de outro amo, não deixa de dizer ou consolá-lo de que fora um acidente banal. Se acaso tiver um utensílio quebrado, você deveria pensar tal como procedera quando o copo do seu vizinho se partira. Agora, transfira tal reflexão para coisas mais importantes. O filho ou a mulher de alguém falece, ouvir-se-á logo: "É assim a vida". Mas, se for seu próprio filho ou sua mulher, escutaremos lamentos e lágrimas, e a pessoa há de dizer: "Sou um miserável". É preciso lembrar-se de como nos sentimos quando ocorre o mesmo conosco.

27

Tal como um alvo não é marcado, a fim de não ser acertado, a natureza do mal não existe no mundo[19].

28

Se alguém confiasse seu corpo ao primeiro que chegasse; se entregasse seu poder de discernir a qualquer um que encontrasse, e se o injuriasse, ficaria perturbado, isto não o indignaria?

29[20]

Em cada ato, observe as coisas que vêm primeiro e as que se seguem; só procederá depois. Se não agir assim, aproximar-se-á com arrebatamento sem medir as consequências; a seguir, quando as dificuldades (deploráveis) se revelarem, sentir-se-á ressabiado. O homem sonha conquistar os jogos olímpicos. Eu também sonho, é algo extraordinário. Considere, então, as coisas que vêm primeiro e o que vem a seguir, e dê início ao ato. É determinante realizar as coisas de maneira sistemática, alimentar-se segundo critérios estritos; evitar iguarias; exercitar-se conforme o tempo estipulado, faça calor ou frio; não beber água fria nem vinho à revelia. Em resumo, deverá se entregar ao mestre como ao médico, assim participará dos jogos. Algumas vezes, esforçará a mão, torcerá o tornozelo, engolirá muita poeira; noutras, será castigado depois de uma derrota. Após sopesar tudo isso, reflita se quer tornar-se um atleta, se não o fizer, estará se comportando como crianças, que ora brincam como lutadores, ora como flautistas, e de novo como gladiadores ou atores trágicos. Com você ocorrerá o mesmo, ora será um atleta, um retórico ou filósofo, mas no fundo da alma não será nada. Tal como um macaco, imitará tudo o que vê e lhe agrada. Mas não realizou nada com atenção, ou refletiu sobre algo; ao contrário, foi improvidente e fez as coisas com um prazer frio. Tal como acontece com muita gente, alguns que viram um filósofo e ouviram como Eufrates discursa – quem falará como ele? – também sonham ser filósofos. Caríssimo, considere primeiro que espécie de coisa é; em seguida, examine a natureza, para ver se consegue manter o caráter. Sonha ser um pentatleta ou um lutador? Observe seus músculos, as coxas, a região lombar. Não nascemos para fazer as mesmas coisas. Acredite que, se fizer tais coisas, irá se alimentar como eles, beberá como outros, e da mesma maneira detestará certas coisas? Deve passar noites em claro, aguentar o esforço, distanciar-se dos familiares, suportar o desdém do escravo, ser excluído de cargos, da magistratura, das honras, até de questões mínimas. Reflita sobre isso, pense se trocaria tais coisas pela tranquilidade, a liberdade, as paixões. Se não for capaz, dedique-se a outras coisas, não proceda como as crianças, não seja hoje um filósofo e amanhã um político, depois um ministro (gestor) de César. Tais coisas não têm consistência, é preciso apenas que seja um homem, bom ou mau. Há de cultivar a capacidade de domínio das coisas externas; precisa exercitar a faculdade de tratar com coisas internas e externas, ou seja, saberá ser um filósofo ou uma pessoa comum.

30

Em geral, os deveres medem-se pelas relações (ταῖς σχέσεσι). É o seu pai? Deve cuidar dele, respeitá-lo em tudo, aceitar as reprimendas. Mas suponha que seja um mau pai. A natureza uniu-o a um bom pai? Não, ela simplesmente ligou-o a um pai. Um irmão errou com você? Não obstante, conserva o respeito por ele, não olhe para o que faz, apenas você cria o ponto em que situa a sua liberdade. Observe se você faz o que a natureza quer que faça. Dessa maneira, ninguém ofenderá ou ferirá você, a não ser que queira isso. Compreenderá seu dever em relação ao cidadão, com o vizinho ou um general, e acostumar-se-á a estabelecer relações naturais.

31

Sobre a piedade dos deuses, saberá que este é um ponto crucial, as opiniões sensatas sobre eles, saber que existem e governam tudo com justiça. É preciso determinar esse princípio (dever), acatá-lo e segui-lo voluntariamente como se fosse criado pela mais sábia inteligência. Se realizar as coisas desse modo, jamais culpará os deuses ou sequer os acusará de terem sido negligentes com você. Isso não se realiza de outra maneira, senão substituindo as coisas que não estão em nosso poder pelo bem ou o mal. Se porventura pensa que algumas dessas coisas não são nossas e são boas ou más, torna-se necessário, quando conquistar aquilo que deseja, mas descambar no que não quer, encontrar as falhas e execrar os responsáveis. Todo animal é constituído por tal natureza, para escapar ou se distanciar daquilo que o coloca em perigo ou lhe causa danos. É assim que pode admirar as coisas e as causas úteis. É impossível para alguém que se sinta prejudicado deleitar-se com o que seria a causa do seu prejuízo; tal como é impossível aceitar o próprio prejuízo. É essa a razão pela qual um pai é insultado pelo filho ao não receber aquilo que lhe seria destinado. Foi o que fizeram os inimigos Etéocles e Polinices[21], acreditavam que o poder era um grande bem. Por isso o agricultor, o marinheiro ou o mercador afrontam os deuses; tal como aqueles que perdem a esposa ou os filhos. Pois aí onde se situa aquilo que é favorável (interesse) também se encontra a piedade[22]. Dessa maneira, todos os que cuidam de (ἐκκλίνειν) seus desejos cuidam também da piedade. Em suas libações e oferendas, todo aquele que segue seus costumes deve fazê-lo com pureza, sem parcimônia ou negligência, nem acima das suas capacidades, é algo que pertence a todos.

32

Se recorrer à divinação, lembre-se de que ignora o futuro, mas ainda assim decidira consultar o arúspice. Vá sabendo o que está por vir, já que é filósofo. Se for algo que não seja possível entender, convém que não seja nem bem nem mal. Não leve ao arúspice o desejo ou a aversão (ἔκκλισιν); se fizer isso, irá se apresentar com temor. Se tiver determinado em sua mente que tudo o que vier (resultado) é indiferente e não lhe diz respeito, dependerá de você se socorrer dele de forma positiva, ninguém o impedirá. Procure os deuses de forma confiante, para quc o aconsclhcm. Se receber algum conselho, recorde-se de quem o aconselhou, e se não os obedecer, não negligencie quem lhe dera o conselho. Não procure a divinação, tal como recomendara Sócrates a propósito de assuntos em que a investigação refere-se aos resultados, em que os meios não são concedidos pela razão nem pela arte para se conhecer a coisa que é o objeto das inquirições. Portanto, quando compartilhar algum perigo por um amigo ou pela pátria, você não consultará um arúspice para saber como fazê-lo. Embora o arúspice afirme que os augúrios das vítimas são aziagos, pressagiam morte, ferimentos ou exílio, mas a razão predomina, e mesmo com tais perigos devem-se repartir os riscos com nossos amigos ou com o país. Portanto, urge atentar para o arúspice maior, o deus Pítio, que expulsara do templo aquele que não ajudara o amigo quando estava na iminência de ser assassinado[23].

33

Estabeleça de imediato um caráter e uma forma para si mesmo, de maneira que possa observar quando estiver só ou entre outras pessoas. Que o silêncio se torne a regra total; que se fale apenas o essencial e com parcas palavras. Quando a ocasião exigir, raramente dir-se-á algo sobre assunto algum, nem sobre gladiadores, corridas de cavalos, ou a propósito de comer e beber, assuntos comuns; sobretudo não fale nunca sobre ninguém, nem para injuriá-lo, elogiá-lo ou compará-lo. Se for possível, agregue à sua conversa qualquer coisa apropriada. Mas, se por acaso permanecer confinado entre estranhos, mantenha o silêncio. Procure não rir muito, nem com frequência ou em excesso. Recuse fazer qualquer juramento; apenas na medida das circunstâncias.

Não aceite convites para banquetes de estranhos[24] ou de pessoas ignorantes. Se acaso houver o ensejo de reunir-se a eles, que a sua atenção seja redobrada, para não reproduzir as maneiras do vulgo (os não instruídos). Deveria saber que, se há um companheiro impuro, aquele que o acompanha também adquire impurezas, embora seja puro.

No que diz respeito ao corpo, só use o necessário, como alimento, bebida, roupas, casa e escravos, e exclua tudo o que indique ostentação.

No que se refere aos prazeres com mulheres, é preciso se abster o quanto puder antes do casamento: mas, se você entregar-se a isso, exerça-o segundo o hábito[25]. Contudo, não seja severo com aqueles que praticam tais prazeres, não os repreenda; não se vanglorie de que não os pratica.

Se um homem lhe afirmar que alguém fala mal de você, procure não se defender nem refutar, apenas responda: "Aquele que falou sobre mim sem dúvida ignora meus outros defeitos, do contrário não teria citado apenas estes".

Não é imperativo ir a teatros com frequência: se houver uma oportunidade adequada, não se revele adepto de qualquer um, senão de você mesmo, ou seja, queira só o que suceder, e que arrebate o prêmio quem for merecedor; dessa forma, não enfrentará entraves. Procure prescindir de gritos e risos de qualquer tipo (coisa ou gênero) e emoções efusivas. Quando partir, não comente sobre o que aconteceu no palco, salvo o que contribua para o seu aperfeiçoamento. Se falar um pouco mais, acentue que admirou o espetáculo (mais do que deveria)[26]. Não vá a recitais nem visite as pessoas subitamente[27]. Mas, se for, mantenha a fleuma e a compostura, não demonstre desagrado.

Quando se encontrar com alguém, em particular com os ditos superiores, tenha em mente o que Sócrates ou Zenão fariam em tais circunstâncias, e não terá contratempo nenhum ao portar-se nessa ocasião.

Se visitar alguém poderoso, imagine de antemão que não o encontrará em casa, ou que não se dignará a abrir a porta, ou que não se importará com você. No entanto, se for seu dever visitá-lo, há de tolerar tudo, e nunca dirá a si mesmo que não valera a pena. Isso é um dislate e distingue o caráter de um homem que posterga com coisas exteriores.

Convém evitar falar em excesso sobre os próprios feitos e perigos; para você, pode ser arrebatador comentar sobre os perigos enfrentados, mas para outros isso não é muito agradável. Procure ter cuidado para não provocar risos; esses hábitos vulgares são um caminho arriscado e você pode perder o respeito dos seus pares. Conversas obscenas também são um hábito perigoso.

Se acaso algo desse gênero ocorrer, se houver oportunidade, advirta o homem que assim proceder; mas, se isso não acontecer, pelo menos o silêncio, o rubor no seu rosto e sua expressão hão de mostrar a insatisfação, e demonstre de maneira explícita que está descontente com a conversa.

34

Se granjear alguma sensação (φαντασίον) de prazer, preserve-se, procure não ser dela cativo; aguarde o tempo certo para o prazer. Pondere sobre esses dois momentos, aquele em que usufruirá o prazer, e no outro, após o gozo, quando há de se arrepender e censurar a si mesmo. Há de se contentar e elogiar por se abster dele. Mas, se achar que é o momento para gozar, tome cuidado para que seu encanto não o conquiste nem o seduza. De todo modo, considere como é positivo ter consciência do logro da vitória.

35

Quando decidir realizar algo e procurar concretizá-lo, não evite ser visto a fazer tal coisa, mesmo que muita gente exprima opinião crítica sobre isso. Se não for correto realizar, então evite-o. Contudo, se estiver certo, por que temer críticas injustas?

36

Tal como a proposição "é dia ou é noite" é determinante para o argumento disjuntivo, mas para o conjuntivo não tem valor[28], num simpósio (entretenimento), optar pela parte maior é de real importância para o corpo, mas não conta nada para a conservação do sentimento social. Quando estiver num almoço ou jantar, recorde-se de observar sobretudo a qualidade de quem o convida, mas também o valor do comportamento para com o anfitrião[29].

37

Se assumir um caráter além das suas capacidades, procedeu de maneira imprópria e descurou daquilo que poderia cumprir.

38

Tal como ao andar, tome cuidado para não pisar num prego ou torcer um pé, da mesma maneira procure não deteriorar o melhor de si. Se tivermos em conta essa regra em cada ato nosso, realizaremos tudo com mais cuidado.

39

A mensuração da posse (propriedade) é para cada homem o corpo, como o pé pertence ao calçado[30]. Se garantir essa regra (as exigências do corpo), manterá a medida; mas, se a ultrapassar, cairá como num precipício. Sucede o mesmo com o calçado, se passar da medida do seu pé, logo terá calçados de ouro ou feitos de diamantes[31]. Não há limites para aquilo que suplanta a medida verdadeira.

40

As mulheres, a partir dos quatorze anos[32], são consideradas amantes (κυρίαι, *dominae*) pelos homens. Como não há mais nada suscetível de obterem, só a mentira, então se embelezam e apostam suas esperanças nisso. Portanto, importa cuidar para que se conscientizem de que são valorizadas (pelos homens) por parecerem (ser) honradas, simples e comedidas.

41

Uma marca do poder cúpido de desperdiçar tempo são coisas que só dizem respeito ao corpo, como exercícios, alimentação, bebida e outras necessidades corporais, como a cópula. Tais coisas não são as principais, mas as acessórias da vida: o cuidado deve ser dirigido à mente.

42[33]

Quando alguém o maltratar ou falar mal de você, lembre-se de que procede dessa forma por achar que é seu dever. Ele não segue o que é certo, mas o que lhe parece correto. Caso esteja errado, apenas ele será ferido, pois só ele incorre no equívoco. Se o homem supõe que a genuína conjunção[34] é aleivosa, não é ela que embaralha, mas o homem que se equivocou. Se agir assim com tais juízos, suportará pacientemente quem falar mal de você; poderá dizer, então, que isso só valia para quem o insultava.

43

Tudo tem duas alças, uma que podemos segurar e outra que não podemos. Se o seu irmão age de maneira injusta, não avalie o ato pelo lado errado, é a alça que não pode suportar; segure a outra, que pode ser segurada.

44

Muitas ideias não têm coerência, tais como: sou mais rico do que você, logo sou melhor do que você; sou mais eloquente do que você, portanto sou melhor do que você. Doutro modo, há ideias mais coerentes, tais como: sou mais rico do que você, logo minhas posses são superiores às suas; sou mais eloquente do que você, logo meu discurso é mais distinto do que o seu, já que não se trata de posse nem elocução.

45

Um homem se banha rapidamente; não afirme que toma banho mal, mas que se banha de modo rápido. Alguém bebe muito vinho? Não o critique, diga que ele bebe em demasia. Antes de saber a sua opinião[35] sobre o que o faz beber, como tem convicção de que ele age errado? Dessa maneira, compreenderá algumas coisas aparentes e concordará com outras.

46

Em qualquer circunstância, não se intitule filósofo, não fale muito entre os poucos instruídos sobre teoremas (preceitos filosóficos). Tente fazer o que deles decorre. Por exemplo, num banquete, não ensine como um homem deve se alimentar, mas coma como se deve. Lembre-se de que Sócrates[36] recusara a ostentação; pessoas lhe pediam recomendações sobre filósofos, e ele mesmo acabava por conduzi-las, naturalmente, sem medo de ser esquecido. Daí que, se brotar uma conversa entre pessoas pouco instruídas sobre teoremas, mantenha-se em silêncio; há o perigo de não manter aquilo que não digeriu. Quando alguém afirmar que não sabe nada, não se aborreça, saiba que deu início ao seu trabalho (da filosofia). Não é pela quantidade de erva digerida que as ovelhas mostram aos pastores seu produto, é o que digeriram no seu interior que as faz produzir a lã e o leite. Você também não revela seus teoremas aos não instruídos, mas exibe os atos oriundos da sua digestão.

47

Caso tenha se acostumado a levar uma vida regrada, a cuidar do corpo, não se orgulhe disso; se beber água, não propagandeie a todo instante que só bebe água. Reflita sobre o fato de os pobres serem tão frugais quanto nós e como o trabalho é contínuo. Se desejar exercitar a paciência e a tolerância, faça por e para você, não visando aos outros. Não abrace estátuas[37]. Se estiver muito ávido, beba um pouco de água fria e cuspa, mas não conte a ninguém.

48

A característica de alguém não instruído é esta: não espera de si mesmo lucro (vantagem) nem prejuízo, mas pressupõe isso dos outros. A condição característica do filósofo é esta: não espera nada de si mesmo, senão toda vantagem e o prejuízo. Alguns sinais de quem progride são estes: não censura, não elogia, não acusa ninguém; não fala nada sobre si mesmo – como quem é ou o que sabe; quando enfrenta obstáculos ou tentam impedi-lo, acusa a si mesmo; se alguém o enobrece, deprecia-o para si mesmo; se alguém o critica, ele não se defende; segue com pessoas frágeis, tendo cuidado para não abalar as coisas, antes que se mantenham firmes; anula todo o seu desejo, transplanta a nossa aversão (ἔκκλισιν) para as coisas contrárias à natureza; ele opera um movimento moderado sobre tudo: não se preocupará se for abalizado como néscio ou ignorante. Em resumo, ele se vê como um inimigo preso num ardil.

49

Quando alguém se jactar de entender e interpretar os escritos de Crisipo, repita a si mesmo: se Crisipo não escrevera de modo tão complexo, tal homem não teria do que se orgulhar. Quanto a mim, a que almejo? A conhecer a natureza e segui la. Procuro quem melhor a explicara. Inquiro sobre tal intérprete. Dizem que é Crisipo, busco-o, mas não o compreendo. Até aqui, não há do que se gabar. Quando o encontrar, restará o uso dos preceitos (lições). Isto é o que há para se orgulhar. Mas, se a explicação agradar-me, o que serei, um gramático ou um filósofo? Com a diferença de que, em vez de Homero, explico Crisipo.

Quando alguém disser: "leia Crisipo", ficarei inibido e confuso ao não mostrar meus atos em conformidade com os seus preceitos.

50

Cumpra todas as coisas (regras) que lhe forem propostas[38] (conduta de vida) como se fossem leis que você não pode infringir sem malefícios. Não dê importância ao que falam sobre você, não é assunto seu. Até quando demorará admitir que é digno de grandes coisas, situar--se de maneira a não transgredir a razão distintiva?[39] Acatou teoremas (regras) com os quais era seu dever anuir e concordou? Então, qual mestre aguarda para corrigir a si mesmo? Já não é jovem, mas um homem adulto. Se for relapso e indolente, sempre a procrastinar, a cada dia fixando uma propositura (desígnio), para depois cuidar de você, assim não estará progredindo, manter-se-á inculto (sem instrução) até morrer. Considere desde já começar a viver como um homem adulto, alguém que está se aperfeiçoando, e tudo o que for melhor para você deverá ser uma lei que não será transgredida. Se algo diligente, afável, glorioso ou inglório se apresentar a você, recorde-se de que agora é a hora da disputa, os jogos olímpicos não podem ser postergados; para que o avanço se mantenha e não se perca, dependerá de uma derrota ou capitulação. Sócrates atingiu a perfeição servindo-se de todas as coisas, atendendo apenas à razão. Embora não seja um Sócrates, procure viver como quem sonha ser como ele.

51

A primeira e mais importante parte (τόπος) da filosofia é a que trata da prática dos preceitos (θεωρήματα): não mentir; a segunda é a que se ocupa dos esclarecimentos: por que é preciso não mentir?; a terceira é a que confirma e explica as outras duas: em que consiste um esclarecimento? O que é o esclarecimento? O que é a consequência? O que é a contradição? O que é a verdade? O que é a mentira? A terceira parte (tópico) é necessária por causa da segunda; e a segunda, por causa da primeira. A mais importante de todas, na qual nos devemos deter, é a primeira. Desperdiçamos nosso tempo e o juízo no terceiro tópico, mas descuidamos totalmente do primeiro. Portanto, mentimos; mas a demonstração de que não devemos mentir já temos à mão.

52

Em qualquer circunstância, devemos manter tais máximas:

Guia-me, ó Zeus, e tu, ó Destino,
Pelo caminho que por ti me foi ordenado seguir,
Estou pronto para ir, e se não for
Torno-me um ímpio e ainda assim seguirei[40]

Aquele que nobremente cede à necessidade
O consideramos douto e hábil nas coisas divinas[41]

E o terceiro também:

Ó Críton, se for o desejo dos deuses,
Que assim seja; Ânito e Melitus matar-me-ão
Mas não podem me prejudicar.[42]

NOTAS

1 A edição de Schweighaeuser, o título é ‘Ἐπικτήτου ἐγχειρίδιον. *Epicteti Manuale ex recensione et interpretatione Joannis Uptoni. Notabiliorem Lectonis varietatem adjecit Joh. Schweighaeuser.’* Há notas de Upton, e outras de Schweighaeuser.

2 Passagem obscura no original, segui esclarecimentos de Simplicius, iv.(i.4)

3 As aparências são consideradas “severas” ou ‘ásperas”, quando contrárias à razão e muito excitadas, tornando a vida áspera (desigual) pela ausência de simetria e a desarmonia dos movimentos, Simplicius, v. (i.5.)

4 Ver notas na edição de Schweig.

5 Upton propõe ἐφ’ ἱπποῦ ἀγαθῷ em vez de ἐπὶ ἵππῳ ἀγαθῷ. O significado é “o cavalo jubiloso”.

6 O texto apresenta τὰ γενόμενα; mas deve ser τὰ γινόμενα. Ver nota de Upton.

7 Ele quer dizer: não castigue seu escravo quando apaixonado, quando for corrigi-lo, quiçá não tenha sucesso, e isso talvez

se torne um vício, a grande e única calamidade do homem. Schweig.

8 O significado dessa passagem é que o seu escravo pode perturbá-lo porque você tem o poder de não ser perturbado. Ver nota de Upton.

9 Θέλειν é usado aqui, como muitas vezes entre os estoicos, com o sentido de "desejar absolutamente", "ter vontade". Quando Epicteto diz "você teria a maldade para não ser mal", "ele quer dizer maldade", a "maldade" reside na vontade daquele que detém a maldade, como quer sujeitá-la à sua vontade, você é um louco. Num determinado limite, a sua função é melhorar o escravo: pode querer isso, é dever e obrigação dele obedecer à sua educação; mas, se ele deseja realizar isso, reside nele mesmo, não em você. Schweig.

10 Passagem obscura. "É fato que o homem é miserável, não devido às causas externas que aconteceram, mas segundo a permissão de se deixar afetar por coisas externas que estão fora do seu alcance". Schweig.

11 Epicteto fora criticado por não expressar simpatia pelas pessoas tristes. Mas aqui ele sugere que se mostre simpatia, algo que consola muitas pessoas. Isto seria o oposto do seu aprendizado, se aconselhasse a sofrer mentalmente por outrem.

12 Comparar Antonio, xi. 6, xii. 36.

13 Nota da edição Schweig.

14 "Ainda que agradasse aos homens, não seria servo de Cristo". Gálatas 1:10. Sra. Carter.

15 Ver texto.

16 A sexta parte de um dracma.

17 "Preço" está aqui τὸ διαφέρον.

18 Ver nota de Schweig.

19 A passagem está explicada na nota de Simplicius, (xxxiv., in edição Schweig. xxvii. p. 264), Schweighaeuser concorda com a explicação, que é esta: Nada no mundo (universo) existe ou acontece no sentido próprio, sua natureza é em si má; tudo o que existe é criado pela vontade de Deus, segundo o que ele pensara. Compensa ler o comentário de Simplicius. Mas quantos hão de lê-lo? Talvez um em um milhão.

20 "Comparar iii. 15, esta passagem foi transposta para o *Encheiridion* pelos copistas." Upton. Sobre a qual Schweighaeuser comenta: "Por que não afirmar como Arriano, que compôs o *Encheiridion* com base nos discursos de Epicteto? Ver notas de Upton e Schweig sobre as diferenças na interpretação da passagem em iii. 15, e aqui.

21 Ver *Discursos*, ii. 22, 13, iv. 5, 9.

22 "Está bem explícito que o filósofo não afirma isso, que o cálculo do nosso ganho privado deve ser a única origem e fundamento da piedade para com Deus". Schweig explica a frase que, a princípio, sugere ser muito obscura. Talvez Arriano queira dizer que o sentimento de piedade condiz com uma opinião proveitosa; o homem deseja o que deve fazer e evita o que precisa fazer; cuida também da piedade, garantindo seu interesse (lucro), sem ficar desapontado.

Em i. 27,14 (p. 81) eis o dito ἐὰν μὴ ἐν τῷ αὐτῷ ᾖ τὸ εὐσεβὲς καὶ συμφέρον, οὐ δύναται τὸ σὐσεβὲς ἔν τινι. É o que está escrito aqui (s. 31).

23 Esta história foi narrada por Aelian (iii. c. 44) e Simplicius no seu comentário sobre o *Encheiridion* (p. 411, edição de Shweig). Upton.

24 "*Convivia cum hominibus extraneis et rudibus, disciplina non imbutis*; é a versão latina.

25 Eis o texto ὡς νόμιμον; a tradução latina é: "*qua fas est uti; qua uti absque flagitio licet.*"

26 Para admirar (θαυμάζειν), é o oposto aos preceitos de Epicteto; i. 29, ii. 6, iii. 20. Upton.

27 Tais recitais eram comuns na Roma Antiga, os autores liam suas obras e convidavam o público a participar. Estes eventos são citados com frequência nas cartas de Plínio, o jovem. Ver Epicteto, iii. 23.

28 Comparar i. 25, 11 etc.

29 Ver nota de Schweig sobre xxxvi.

30 *Cui non conveniet sua res, ut calceus olim, Si pede major erit, subvertet; si minor, uret. Horat.* Epp. i. 10, 42, e Epp. i. 7, 98.

31 A frase κεντητόν "*acu pictum.*"

32 Quatorze anos era considerada a idade da puberdade para os homens; para as mulheres, doze (Justin. Inst. I. tit. 22). Comparar Gaio, i, 196.

33 Ver nota da Sra. C., quando diz "Epicteto sugere estar um pouco equivocado aqui" etc.; acredito que está.

34 τὸ ἀληθὲς συμπεπλεγμένον, segundo a tradução para o latim, "*verum conjunctum*". A Sra. Carter traduz por "uma proposição verdadeira", que presumo ser o significado.

35 A sra. Carter traduz por "Caso compreenda acertadamente o princípio (a partir dos atos de qualquer um)."

36 Ver iii. 23, 22; iv. 8, 2.

37 Ver iii. 12.

38 Isso significa "o que é proposto a você pelos filósofos", em especial neste pequeno livro. Schweighaeuser acredita que

signifique "o que você propôs a si mesmo"; mas ele se inclina a interpretá-lo como "o que é proposto acima de, ou ensinado de forma superior".

39 τὸν διαιροῦντα λόγον. "*Eam partitionem rationis intelligo, qua initio dixit, Quaedam in potestate nostra esse, quaedam non esse.*" Wolf.

40 Os primeiros quatro versos são do estoico, Cleantes, discípulo de Zenão, mestre de Crisipo; era oriundo de Assus, em Mísia; Simplicius escreveu seu comentário sobre o Enchiridion no séc. VI. Neste período tardio, ainda vislumbrou em Assus uma bela estátua de Cleante, erguida por decreto do senado romano em homenagem a este homem extraordinário. (Simplicius, ed. Schweig, p. 522).

41 Os dois segundos versos são de uma peça de Eurípides, o escritor que mais abasteceu com citações do que qualquer trágico da Antiguidade.

42 O terceiro verso é do *Críton* de Platão. Sócrates é o orador. A última parte foi tirada da *Apologia* de Platão, Sócrates aí é também o orador. A frase "o terceiro também", segundo Schweighaeuser, foi introduzida de acordo com o comentário de Simplicius.

Simplicius conclui seu comentário da seguinte maneira: Epicteto une o fim ao começo, que nos leva a pensar naquilo exposto no princípio sobre o homem que situa o bem e o mal entre as coisas que estão ao nosso alcance, não no exterior, que tal homem não será sujeitado e jamais será ferido.